TEMPLVM RŌMĀNVM

by
Jessie Craft

D1570248

PREFACE

While writing the book *Roman Temple: A Story of its Origins and Construction*, although focused primarily on elaborating upon the very interesting and awe-inspiring topic of Roman temple architecture, I could not help but think there was more of a story line that I really wanted to develop. Due to the nature of that book, I limited myself to only that which was necessary to drive the narrative and be different from other educational books on Roman architecture.

Thus, I decided to rewrite the story which I had envisioned all along, and I chose to do so in Latin. As an educator of Latin at the secondary level, I can attest to the dire need of more suitable reading materials for intermediate Latin students which promote the development of reading proficiency.

Compared to its English counterpart, for this book I have reduced many of the technical terms, introduced new characters, and included more discourse to increase interest in subject matter and augment comprehensibility. Like its English version, this is mostly a fictional story with exception to the information about the temple architecture.

For their generous and learned assistance in bringing this book to light, much gratitude is due to John Piazza, Lance Piantaggini, Bob Patrick, Alessandro Conti, and Luke Ranieri. Special thanks to my Latin II, III, IV, and AP students of 2016-2018 for reading this story and all their input.

Jessie Craft

North Carolina, January 2018
MagisterCraft.com

INDEX CAPITVLORVM

Cap.	Pagina
Preface	4
Praefātiō	7
I. Vitrūvius et Fanus	8
II. Templum Etrūscum	11
III. Xenia: amīcitia hospitum	18
IV. Templum Apollinis	20
V. Discordia Architectūrae	26
VI. Imperator Augustus	27
VII. Mīlitēs ad Iānuam!	29
VIII. Augustus et Ego	30
IX. Familia	32
X. Templum Rōmānum	33
XI. Glōria Rōmae	37
XII. Fēstum	40
Prōpositum Templi Romani	45
Glossārium	46

PRAEFĀTIŌ

Rōmānī multōs deōs variōs habēbant. In
religiōne Rōmānā, deī erant Ītalicī, Graecī,
Aegyptiī et Orientālēs. Locus antīquus in
quō Rōmānī deōs colēbant "templum"
vocātur. Illō tempore "templum" nōn
significābat aedificium sed locus apertus
in silvā vel in agrō. In locō apertō augur
avēs vel fulmen, nūntiōs deōrum, legēbat.
Paulō post Rōmānī domum deīs facere
volēbant. Itaque deīs aedificium ex lignō
vel lapide faciēbant et id templum
vocābant. In hāc fābulā dē orīgine
templōrum Rōmānōrum discētis.

colēbant -
worshipped
aedificium - a
building

augur - priest
aves – birds
fulmen - lightning

lignō – wood
lapide - stone

CAPITVLVM PRIMVM
Vitrūvius et Fanus

Mārcus Vitrūvius Polliō est nōmen mihi.
Architectus prō Imperātōre Augustō sum.

prō - on behalf of

Cōnsulibus Scīpiōne Asiāticō et Gāiō
Norbānō nātus sum in colle Aventīnō. In
colle Aventīnō multa templa deōrum
sunt.

*Cōnsulibus Scīpiōne
Asiāticō et Gāiō
Norbānō - 83 B.C.
nātus sum - I was
born
Aventīnō - Aventine
Hill (1 of 7 hills of
Rome)*

Cum puer eram mihi placēbat templa et
fōrmās templōrum spectāre. Pater laetus
mē templa spectāre et templa parva
lignea facere vīdit. Nōn sōla templa mihi
placēbant, sed etiam omnis architectūra
mihi placēbat. Cum iuvenis eram,
aedificāre coepī. Domūs, īnsulās, et

*I – Templum Diānae
II – Templum
Minervae
III – Templum
Vortumnī
IV – Templum
Mercuriī
V – Templum
Summānī
VI – Templum
Iuventātis
VII – Templum Cōnsī
cum - when*

*iuvenis - young man
aedificāre - to build
coepī - I began*

8

aquaeductūs fēcī. Sed templum vērē
facere volēbam. Nōtus architectus
templōrum in colle Aventīnō erat. Nōmen
eī Gāius Marcius Fanus erat.

Quōdam diē ad Architectum Fanum vēnī
quia novum templum facere volēbat et
ego adiuvāre et discere volēbam.
"Salve, Architecte Fane. Nōmen mihi est
Mārcus Vitrūvius Polliō. Volō discere
templa facere et tē adiuvāre."
"Quis es?" respondit Architectus Fanus.
"Āh, ita vērō, puer es quī architectus esse
vult. Tē cognōscō. Iam opus tuum vīdī.
Nōnne tū domum Semprōniī fēcistī?"
"Ita!" inquam.
"Foeda." inquit. "Domus nimis
symmetriae habet. Domus quae nimis
symmetriae habet pulchra nōn est, sed
foeda. Iam tū nimis imperītus es. Abī,
puer, nunc templum pulcherrimum facere
dēbeō."
Trīstis domum meam iī. Pater erat domī
et mē vīdit.
"Mī fīlī," pater inquit, "ut valēs? Tē

adiuvāre - to help
discere - to learn

cognōscō - I know
opus - work

nimis - too much

Abī - go away

iī- I went

9

trīstem videō."

"Hodiē," respondī, "Architectus Fanus
opus meum dērīsit. Mihi dīxit mē nimis
iuvenem esse. Mihi dīxit domum meam
nimis symmetriae habēre et itaque
domum foedam esse."

"Nōlī nūgās nārrāre!" pater respondit.
"Quid scit? Domus quae symmetriam
habet pulcherrima est. Satis. Nunc
cēnēmus. Cōnsilium tibi in animō habeō.
Tibi omne cōnsilium inter cēnām
nārrābō."

Illā nocte pater mihi "Tē mittam," inquit,
"ad architectūram templōrum discendam.
Amīcum architectum habeō. Cum litterīs
ā mē scrīptīs tē mittam." Posterō diē, cum
saccō cibī et aquae in equō ad
Populōniam, oppidum Etrūriae, iī.
Timēbam paulō, sed laetus eram.
Architectus esse volēbam!

dērīsit- made fun of
iuvenem - young

*Nōlī nūgās nārrāre -
don't talk nonsense*
scit – knows
cēnēmus - let's eat

*ad architectūram
..discendam - to
learn temple
architecture*
Posterō - the next

CAPITVLVM SECVNDVM
Templum Etrūscum

Illīc erat Etrūscus quī mē ad architectum
Populōniae dūxit. Nōmen architectō
Populōniae Pesna Ramtha erat.
"Salve," inquam, "Nōmen mihi est
Vitrūvius. Ad architectūram templōrum
Etrūscōrum discendam vēnī. Ecce, litterae
tibi ā patre meō."
"Crēdere nōn possum! Es fīlius amīcī meī
cārī!" inquit Pesna. "Hodiē tibi mōnstrābō
quōmodo nōs templa aedificēmus!"

"Grātiās tibi!" laetus respondī. "Unde
incipiēmus?"
"Hīnc!" inquit Pesna. "Ecce prōpositum
templī.

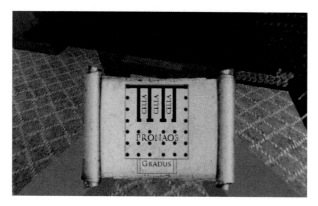

Prōpositum mōnstrat quōmodo nōs templum aedificēmus. Prīmum tibi māteriās ad aedificandum mōnstrābō. Lignum, lapis et terra māteriae sunt." "Optimē, magister," dīxī, "sed quid prīmum in terrā pōnis?" "In terrā firmā," respondit, "podium templī ex lapide facimus. Templum suprā podium erit. Gradūs in fronte et tantum in ūnā parte positī sunt.

prōpositum - floor plan

ad aedificandum - for building

Gradūs - steps
tantum- only

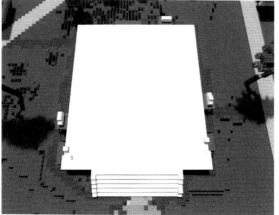

Posteā, cellās columnāsque facimus. Columnae lātē positae sunt. Columnae

cellās - chambers

12

capitula simplicia habent.

*capitula - capital
(head of column)*

Inter columnās cellae sunt. Nōs Etrūscī saepe trēs cellās in templīs habēmus quia trēs deōs saepe colimus.

*colimus - we
worship*

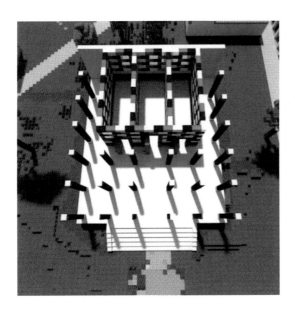

Tum tēctum dē terrā coctā facimus. Terra cocta est terra quam coquimus. Cum tēctum factum sit, tēctum statuīs et acrōtēriīs ōrnāmus. Statuae fōrmā hominum vel deōrum sunt. Acrōtēria ōrnāmenta fōrmā animālium vel foliōrum palmārum sunt. Statuās dē terrā coctā facimus. Acrōtēria quoque dē terrā coctā sunt. Omnēs statuās variīs colōribus pingimus."

coquimus - we cook

acrōtēriīs - acroterion (roof decor)

foliōrum palmārum - of palm leaves

"Mīrābile vīsū!" dīxī. "Quam pulchra sunt illa ōrnāmenta! Videō vōs etiam cellās pingere."

Mīrābile vīsū! - What a sight to see!

"Ita vērō," inquit Pesna. "Cellās etiam variīs colōribus pingimus. Venī mēcum et quid intrā cellās sit tibi mōnstrābō." Respondī, "Optimē! Eāmus!" "Haec prīma" dixit Pesna, "cella Mendfae est. Quod nōbīs Mendfa est Minerva vōbīs est. Haec secunda cella Thalnae est. Thalna vōbīs Iūnō est. Et in hāc ultimā cellā est Tinia, deus māximus. Tinia vōbīs Iuppiter est. Itaque cella eius māior est quam cella Mendfae et Thalnae."

Eāmus- let's go

māior - bigger

15

"Mactē! Sed ubi est āra in quā sacrificia facitis?"
"Āram ante templum pōnimus.

Mactē! - Awesome!
āra - altar

Auscultā, Vitrūvī, crās fēstum erit. Vīsne mēcum īre?"
"Grātiās tibi! Aderō!"
Posterō diē fēstum magnum fuit.
Haruspex iecur ovis spectāvit. Haruspex ōmen bonum in iecore vīdit. Deī laeti ob templum novum erant!

Aderō- I will be there
haruspex – soothsayer
iecur – liver
ovis - sheep's
ob - because of

16

Post fēstum ad portum iī. Pater meus mē ad amīcum alium in Graeciā mittere volēbat. Prīmum necesse erat sacrificium ad templum deī maris facere. Nōmen eī deō Etrūscō Nethuns erat. Nethuns nōbīs Neptūnus est. Ōmen bonum accēpī et in nāvem ascendī.

ventō secundō – favorable wind

Post ūndecim diēs et ventō secundō...

ad oppidum Cirram advēnī.

CAPITVLVM TERTIVM
Xenia: amīcitia hospitum

Cirra est oppidum in quō est portus Delphicus. Exspectāns mē in lītore cum equō servus, nōmine Thrattos, erat. Thrattōs mē ad architectum Delphicum dūxit.

Delphicus - of Delphi
Exspectāns - waiting for
lītore - shore

Architectō Delphicō nōmen est Agathōn. Cum domum Agathōnis advēnerīmus, statim et amīcē Agathōn mē ad cēnam invītāvit.

statim - immediately

18

"Chaire," inquit Agathōn, *"*vel Salvē!
Agathon architectus Delphicus sum.
Prīmum cēnēmus!*"*
Post cēnam *"*Grātiās,*"* respondī, *"*vel
charin echo! Bona erat cēna!*"*
*"*Vitrūvī, cūr vīs discere templa Graeca
facere?*"*
*"*Volō discere templa Graeca facere quia
templa Rōmāna modō novō facere volō.*"*
*"*Āh, bene.*"* Agathōn inquit. *"*Itaque
tempus optimum est. Necesse est
templum novum facere quia templum
antīquum ob terrae mōtum cecidit. Sine
templō, Pȳthia locum in quō deum
Apollinem cōnsultet nōn habet.*"*
*"*Quae est Pȳthia?*"* rogāvī.
*"*Nōn scīs quae Pȳthia sit?! Pȳthia est
Delphicum ōrāculum. Ea cum Apolline
loquitur et nōbīs prōdigia nārrat. Pȳthia
nōtissima omnium fēminārum et
sacerdōtum Graecārum est. Sunt hominēs
et rēgēs quī hūc veniunt ut prōdigia ab
Pȳthiā accipiant.*"*

Chaire - hello
(ancient Greek)

charin echo -
thank you
(ancient Greek)

modō novō - in a
new way

ob - because;
terrae mōtum -
earthquake

ōrāculum - an
oracle or prophet
loquitur - speaks

ut - in order to
prōdigia -
predictions

CAPITVLVM QVARTVM
Templum Apollinis

Posterō diē Agathōn mē dūxit per Viam
Sacram ad situm in quō templum novum
faceret. Prīmum, mihi prōpositum templī
mōnstrāvit.

Omnia mihi nārrāvit.
"Agathōn," rogāvī, "quibus māteriīs
templum faciētis?"
"Ferē omnēs partēs ex lapide vel
marmore sunt. Spectā, Vitrūvī, nōs Graecī
templum in stylobatā pōnimus. In
stylobatā gradūs ad templum sunt.

Ferē- nearly
marmore - marble
stylobatā - stylobate
(podium for Greek
temples)

20

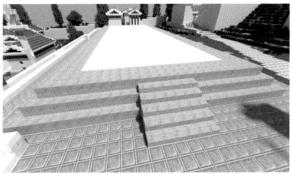

Suprā stylobatam cellam et columnās pōnimus."

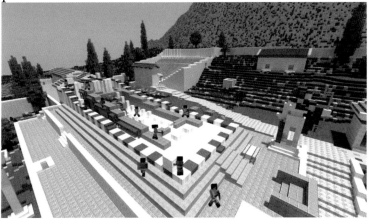

"Quot cellās facitis?" rogāvī.
Agathōn respondit: "Ūnam cellam facimus. Sed in cellā spatium, in quō Pȳthia manet, habēmus. Nōmen spatiō 'adytum' est. Nēmō in adytum intrāre potest, sōla Pȳthia."
Rogāvī: "Quod capitulum in columnā pōnitis? Dōricumne? Iōnicumne? Corinthiumne? Quōmodo columnae ponuntur?"

spatium - room

Quod - which
capitulum - capital (of a column)

Dōricum	Iōnicum	Corinthium

"Dōricum." respondit "Et columnae nōn lātē sed bene positae sunt." Paulō post, cellā et columnīs positīs, Graecī tēctum fēcērunt sed in tēctō cavum erat.

cellā ...positīs - with the chamber and columns placed
cavum - hole

Itaque rogāvī eum cūr cavum in tēctō esset et mihi respondit sīc: "Cavum lūcem intrāre sinit. Nunc templum ōrnāre dēbēmus." Graecī, sīcut Etrūscī, templa variīs colōribus pingunt et tēctum acrōtēriīs statuīsque ōrnant. Sed quia Graecī lapide et marmore templa faciunt, fastīgium nōn est apertum sīcut fastīgium Etrūscum sed clausum est et statuīs ōrnātur. In templīs Graecīs sub fastīgio sunt trīglyphī et metopae. Sub eīs sunt scūta.

sinit - allows

fastīgium - pediment
trīglyphī - triglyphs
(tri=3,
glyph=channel)
metopae - metopes
scūta - shields

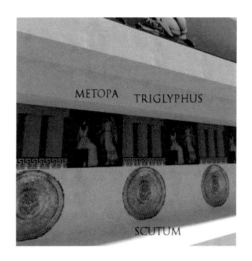

Pronāōs Graecus nōn est apertus sīcut pronāōs Etrūscus, sed clausus est. In pronāō iānua aēnea est. Suprā iānuam est sententia nōtissima: "tēmet nōsce".

pronāōs - porch
iānua - door
aēnea - bronze
sentētia - motto
tēmet nōsce -
know yourself

In cellā, lūx adytum per cavum in tēctō illūminat.

Sacrum adytum Pȳthiae vīdī sed intrāre nōn potuī. Dum in interiōre templī eram, "Vitrūvī," Agathōn mihi inquit, "crās fēstum erit. Veniēs? Fortasse Pȳthia tibi aliquid dīcet."
"Eugē!" dīxī rīdēns. "Utinam! Quid mihi dīcat?!"
Agathon etiam rīdēns: "Hodiē multum labōrāvimus. Opus factum est. Crās fēstum erit. Domum eāmus, cēnēmus, et dormiāmus!"
Posterō diē magnum fēstum erat in quō sacrificia faciēbant, multus cibus erat, et puerī puellaeque saltābant. Tum Pȳthia ex templō exiit et ad mē advēnit. Timēbam sed eam valdē verēbar.

dum - while

fortasse - maybe
aliquid - something

Eugē! - great!
rīdēns - laughing
Utinam! - I wish!
Quid mihi dīcat?! - What would she tell me?!
eāmus - let's go
cēnēmus - let's eat
dormiāmus - let's sleep

saltābant - were dancing
verēbar - I respected

24

"*Vitrūvī*," Pȳthia inquit, "*fīlius octāvus Veneris tē ad bellum religiōsum advocābit.*" Nihil dīxī. Quid faciam? Quid dīcam? Quid significat? Neque Agathōn sciēbat quid significāret. Tempus ad discēdendum erat. Grātiās Agathōnī ēgī et eum salūtāvī. Templum prope nāvem erat. Deus templī Posīdōn, linguā nostrā Neptūnus, erat. Templum admīrātus sum. Rotundum et dōricum erat. Ūnam cellam sōlam habēbat. Sīcut templum Apollinis, in stylobatā erant gradūs in fronte. Neptūnō sacrificia fēcī.

sciēbat - knew
ad discēdendum - to leave

admīrātus sum - I admired

CAPITVLVM QVINTVM
Discordia Architectūrae

*discordia -
inconsistency*

Cum ad lītora Tiberis advēnī, pater aderat.

Quam laetus eram patrem vidēre! Pater mē salūtāvit et omnia scīre volēbat. Eī dē templīs Etrūscīs dīxī et dē templīs Graecīs. Pater meus valdē laetus erat. Posteā, Rōmae aedificāre coepī. Nōtus esse volēbam. Architectus perītus esse volēbam. Itaque domum, aquaeductum, theātra, et alia aedificia fēcī. Dum haec aedificia faciēbam, discordiam architectūrae animadvertī. Architectūra Rōmae nōn mihi placēbat. Itaque librum dē architectūrā scrībere coepī. In hōc librō dē ērudītiōne architectī, māteriīs, variīs aedificiīs, māchinīs bellī, et omne rē dē disciplīnā architectūrae scrīpsī. Eō tempore Imperātor Augustus quoque multa aedificābat. Itaque librum eī scrīpsī. Quōdam diē librum ad Imperātōrem Augustum portāre ausus sum.

alia - other

*ērudītiōne -
education*
*omne rē dē disciplīnā
- everything
regarding the subject*

ausus sum - I dared

CAPITVLVM SEXTVM
Imperator Augustus

In pronāō templī Sāturnī Imperātor
Augustus erat inter senātōrēs et mīlitēs. In
animō meō modum Architectum Fanum
vidēbam. In animō Architectus Fanus mē
dērīdēbat et dīcēbat, "Nimis imperītus es!
Domus nimis symmetriae habet!" Timuī.
Quid faciam sī librum nōn accipiat? Quid
faciam sī librō nōn dēlectētur? Spīrābam
quiētē et ad eum iī.
"Avē, Imperātor Caesar. Nōmen mihi est
Mārcus Vitrūvius Polliō. Tē multa
aedificāre animadvertī. Itaque hunc
librum quem dē architectūrā scrīpsī tibi
dōnō."
Mē adspexit. Mīlitēs mē adspexērunt.
Senātōrēs mē adspexērunt. Nēmō aliquid
dīxit. Fugere volēbam. Tum Imperātor
librum adpsēxit et manū cēpit. Librum
aperuit et adspexit. Nihil dīxit. Nēmō
nihil dīxit. Librum adspectābat. Morī

Quid faciam -
What should I do
*Spīrābam - I was
breathing*

Avē - hail

Morī - to die

27

volēbam.

Tum mihi dīxit: "Cīvīs Vitrūvī, grātiās tibi. Hunc librum libenter accipiō. Vīvat Rōma."

Et cum senātōribus mīlitibusque abiit. Id fēcī! Sed sī liber meus eī nōn placeat? Imperātor est, mē aedificāre prohibēre vel mē in exsilium mittere potest. Timēbam. Domum iī. Pater mihi omnia valēre dīxit. Fortasse Architectus Fanus vērē dīxit. Quid scio? Fortasse nimis imperītus sum. Minimē, multum dē architectūrā sciō et vērē dīxī. Sed sī liber meus Imperātōrī Augustō nōn placeat? Subitō aliquis iānuam domūs pultāvit. Dī immortālēs! Vēnērunt! Mīlitēs Imperātōris Augustī ad mē in exsilium mittendum vēnērunt. Minimē, minimē. Sīc nōn est. Quis vēnit? Sciō! Est cliēns vel amīcus patris meī. Fortasse est amīcus meus. Per ātrium ad iānuam iī. Iānuam aperuī et…

libenter - freely
Vīvat Roma - long live Rome

exsilium - exile

omnia valēre - it is all okay
scio - I know

pultāvit - knocked

in exisilium mittendum - to send in exile

MĪLITĒS IMPERĀTŌRIS!!!

CAPITVLVM SEPTIMVM
Mīlitēs ad Iānuam!

"Salvēte, mīlitēs." tremēns dīxī.
"Salvē." inquit ūnus ex mīlitibus. "Esne
Mārcus Vitrūvius Polliō?"
"Ita, sum."
"Nūntium ab Imperātōre Caesare tibi
habeō."
"Quaesō, dīc mihi."
"Imperātor Caesar tē in Curiā Iūliā vidēre
vult."
Cūria Iūlia?! Gāium Iūlium Caesarem in
cūriā interfēcērunt! Illūc īre nōn possum!
"Bene." respondī. "Quandō?"
"Hodiē. Quīntā hōrā in Curiā Iūliā. Nōlī
tardāre. Valē."
"Exspectā. Quid vult Imp...?"
Sed iam mīlitēs aberant. Tertia hōra erat.
Mīles ille mihi nihil dīxit. Itaque quīntā
hōrā cum patre ad Curiam Iūliam iī. In
Curiam Iūliam intrāvimus. Imperātor
Augustus, mīlitēs, senātōrēsque aderant.

Curiā Iūliā -
Roman senate
house in Roman
Forum
Illūc – to there

29

CAPITVLVM OCTAVVM
Augustus et Ego

"Salvēte." inquit Augustus.

"Avē Imperātor Caesar!" ego et pater dīximus.

"Vitrūvī, tē hūc vocāvī quia dē librō tuō loquī volō."

hūc - to here
loquī - to speak

Timēns respondī: "Dīc mihi."

"Vitrūvī, liber tuus mihi valdē placuit. Dē architectūrā cōgitās sīcut cōgitō ego. Fortasse iam scīs quid prō Rōmā faciam. Urbem latericiam accēpī sed marmoream facere volō. Mēne adiuvābis?"

cōgitās - you think
sīcut - as

urbem latericiam - a city of bricks

Crēdere nōn potuī! Laetissimus eram sed necesse erat tranquillum esse. Itaque respondī:

"Certē. Libenter."

"Bene," inquit, "tē Architectum nōminō. Ecce, haec toga rubra signum locī Architectī est."

rubra - red; locī Architectī - rank of architect

"Multās grātiās tibi, Imperātōr Caesar. Nōn frūstrābō tē."

"Optimē. Nunc opus incipiāmus.

Nōn frūstrābō tē - I won't let you down
incipiāmus - let's

Templum prō Mārte Ultōre et patre meō, Gāiō Iūliō Caesare, facere volō. Templum et magnum forum facere volō. Hoc opus virtūtem virōrum magnōrum Rōmānōrum dēmōnstrāre dēbet. Reliquum operis tibi mandō."

"Intellegō. Statim labōrāre incipiam. Valē, Imperātor Caesar."

"Valē, Architecte."

begin
prō - on behalf of
Mārte Ultōre –
Mars the Avenger

reliquum - the rest
mando - I entrust
incipiam - I will
begin

31

CAPITVLVM NONVM
Familia

Architectus factus sum! Domum celeriter ambulābāmus et cum patre loquēbar. Iam cogitābam dē templō et quid factūrus essem. Cum domum advēnimus, aliquis ante iānuam erat. Sē vertit et patruēlis iuvenis meus dē Vērōnā erat! Nōmen eī Lūcius Vitrūvius Cordō est.

factūrus essem – I would do
aliquis - someone
Sē vertit - turns around; patruēlis - cousin; Vērōnā - city in N. Italy

"Lūcī! Quid facis hīc?!"
"Salve, Vitrūvī! Salvē, avuncule! Pater mē ad tē mīsit ut mē dē architectūrā docērēs."
"Certē! Intrā domum. Nunc magnum opus habeō et tū mē adiuvāre potes."
"Optimē! Quid faciēs?"
"Templum Mārtis. Prīmum necesse est prōpositum facere et imperātōrī dēmōnstrāre."
Statim labōrāre coepī. Cogitāns dē templīs Etrūscīs et Graecīs prōpositum fēcī. Templum ūnicum facere volēbam. Posterō diē, prōpositum Imperātōrī Augustō dēmōnstrāvī. Mactē! Prōpositum eī placuit!

avuncule - uncle
ut...docērēs - so you could teach...

Cogitāns - reflecting

ūnicum - unique

CAPITVLVM DECIMVM
Templum Rōmānum

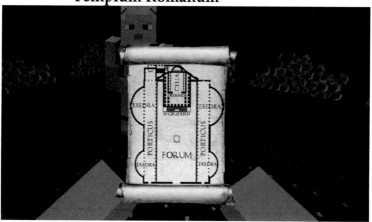

"Vitrūvī, quāle podium est?"
"Lūcī, hoc podium Etrūscum est. Vidēsne
altum esse et gradūs in fronte esse?"

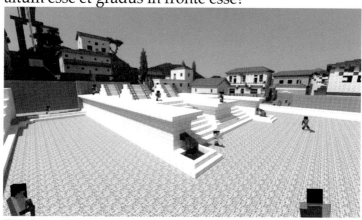

"Videō. Cūr podium Etrūscum fēcistī?"
"Podium Etrūscum ob memoriam
familiae nostrae antīquae Italicae fēcī."
"Optimē!" inquit Lūcius. "Sed ubi est āra?
Cūr in terrā nōn est?"
"Āram in terrā pōnere nōlēbam quia Mārs
deus caelestis est. Itaque āram in gradibus
ad caelum posuī."

ob - on account of

caelestis - heavenly,

33

Tum columnās striātās in podiō posuī. "Qui," interrogāvit Lūcius, "podium multīs columnīs faciunt? Graecī an Etrūscī?"
"Graecī," respondī, "sed sīcut Etrūscī, hae columnae circum cellam nōn eunt."

"Quia columnae Graecae sunt, pōnisne capitula Dōrica an Iōnica?"
"Capitula Corinthia pōnō."
"Cūr? Capitula Iōnica pulchriōra quam Corinthia sunt."
"Lūcī, nōlī nūgās nārrāre! Capitulum Corinthium sīcut fēmina est et capitulum Iōnicum sīcut volūmen est. Itaque capitulum Corinthium pulchrius est."
"Capitulum Corinthium sīcut fēmina est?! Et tū mihi dīcis 'nōlī nūgās nārrāre?!' Īnsānus es!"
Rīsimus.
"Bene, Vitrūvī sed hoc iam sciō. Ūna cella Etrūsca est."
"Nōn, ūna cella est Graeca."
Postquam hās rēs in forō fēcimus,

Quia - since

volūmen - scroll

hās rēs - these things

spatium extrā mūrōs forī animadvertī.

"Lūcī, venī mēcum. Tibi aliquid
dēmōnstrāre volō. Vīdī, Lūcī, extrā mūrōs
multas domūs et īnsulas esse. In hīs
domibus et īnsulīs populus Rōmānus
habitat. Rōmae nōn est sīcut Vērōnae.
Saepe populus in domibus et īnsulīs
incendia facit. Ferē omnem urbem
ārsērunt! Forum et templum servāre volō.
Itaque, faciō mūrōs lapide quod nōn
ārdet.

incendia – fires
Fēre - almost
ārsērunt - burned

Venī mēcum. Nunc quid suprā columnās
futūrum sit dēmōnstrō.

Ecce, prīmum epistȳlium suprā columnās et tum zophōrum et tandem denticulum pōnimus."

"Intellegō. Posteā, quid pōnis? Tēctum?"
"Rēctē!" dīxī.

CAPITVLVM VNDECIMVM
Glōria Rōmae

"Vitrūvī," inquit Lūcius, "estne factum opus?"

"Fēre." respondī, "Imperātor vult glōriam praesentem et antīquam Rōmae dēmōnstrāre. Itaque, hanc glōriam volō dēmōnstrāre statuis. Statuās in porticīs, exedrīs, tēctō templī, fastīgiō, cellā, et mediō forō pōnam."

Fēre - almost
praesentem - present

"Cūr tot statuae?!"

"Imperātor glōriam Rōmae nārrāre vult. Statuae memoriam virōrum et mīlitum et senātōrum Rōmānōrum dēmōnstrant. In exedrīs statuae clārōrum virōrum Rōmānōrum sunt. Summī virī vocantur. In hāc exedrā sunt statuae Aenēae, gentis Iūliānae, et Albānōrum Patrum.

exedrīs - semi-circular room
gentis - clan
Albānōrum
Patrum - Albani Fathers

In illā exedrā sunt statuae Rōmulī et
aliōrum clārōrum virōrum."
"Quam magna familia! Quam glōria
Rōmāna! Et illae fēminae suprā portīcōs?
Quae sunt?"

"Āh, illae Caryātidēs sunt." respondī.
"Nunc spectā fastīgium. Quī sunt illī?"

*Caryātidēs -
Caryatids (statues
of women used as
columns)*

"Facile!" inquit Lūcius laetus. "Mārs, deus bellī, in mediō. Prope eum est fīlius eius et conditor Rōmae Rōmulus. Fēmina prope Mārtem Venus est māter Aenēae et gentis Iūliānae. Prope Venerem est Dea Fortūna. Prope Rōmulum est Dea Rōma."

conditor - founder

"Optimē!" respondī.

"Vitrūvī," interrogāvit Lūcius, "quid significant hae litterae?"

"Scrīptum in zophōrō erit: Martī Ultōrī Imp. Caesar Dīvī F. Augustus, quod significat 'Imperātor Caesar Augustus fīlius dīvī Iūliī Caesaris Mārtī Ultōrī hoc templum dedit.'"

Post multum temporis templum factum est.

39

CAPITVLVM DVODECIMVM
Fēstum

Ecce fīnis fābulae meae. Nunc fēstum magnum facere volō. Bone lēctor, venī mēcum! Quam opus pulchrum?! Spectā hōs mūrōs. Spectā illās columnās et illās statuās. Quam difficile labor fuit! Et spectā... exspectā...quis est?!

Bone lēctor - kind reader
Quam opus pulchrum! – That's some beautiful work!

Eheu, Architectus Fanus est! Senex est! Quid faciam? Opus meum spectat. Exspectā mē hīc.

Vitrūvius: "Salve, Architecte Fane. Tempus fugit. Quid agis?"

Architectus Fanus: "Videō nunc tē templa facere."

Vitrūvius: "Ita vērō. Tū etiam templa facis?"

Architectus Fanus: "Auscultā mē, Vitrūvī. Hoc templum multum symmetriae habet."

Vitrūvius: "Sciō."

Architectus Fanus: "Forum quoque

Eheu – oh no; senex - old

multum symmetriae habet."
Vitrūvius: silet
Architectus Fanus: "Ego perītus tibi hoc
possum dīcere."
Vitrūvius: silet
Architectus Fanus: "Pulcherrimum est!
Mihi valdē placet symmetria templī et
forī. Ignōsce mihi, Architecte Vitrūvī."

*Ignōsce mihi -
forgive me*

Vitrūvius: "Certē! Grātiās!"
Vīdistīne, bone lēctor? Mē Architectum
vocāvit! Mihi etiam dīxit, "Ignōsce mihi."
Mīrābile dictū! Itaque, venī mēcum ad
templum. Tempus fēstī adest. Ecce,
flāmen Mārtiālis ad āram iam est.

*flāmen Mārtiālis -
priest of Mars*

Flāmen Mārtiālis nūntiat: "Pontifex
Māxime Imperātor Gāiī Iūliī Caesar
Octāviāne Dīvī Fīliī Auguste,
prōgredere."

*prōgredere - come
forth (imperative)*

Quid dīxit flāmen? Octāviānus? Ita vērō.
Est nōmen eī. Exspectā...Octāviānus est
sīcut... numerus octāvus. Et imperātor
semper dīcēbat familiam suam ā Venere
nātam esse. Itaque Augustus est... octāvus
fīlius Veneris. Eugē! Ōlim Pȳthia mihi
dīxit "*fīlius octāvus Veneris tē ad bellum
religiōsum advocābit.*" Mārs est deus bellī.
Martī hoc templum, spatium religiōsum,
prō Imperātōre Augustō fēcī. Estne
verum?! Crēdisne?! Templum
pulcherrimum fēcī. Architectus Fanus mē
Architectum vocāvit. Et quid Pȳthia
multōs annōs abhinc dīxerit vērum
factum est hodiē. Sacrificium facere
dēbeō. Pater Mārs, mactē sacrificiīs estō!
Avē Imperātor Auguste! Vīvat Rōma!

*nātam esse - was
born*

*Estne verum?! - Is it
true?!*

*multōs annōs abhinc
- many years ago
mactē...estō - be thou
increased*

44

PRŌPOSITVM TEMPLI ROMANI

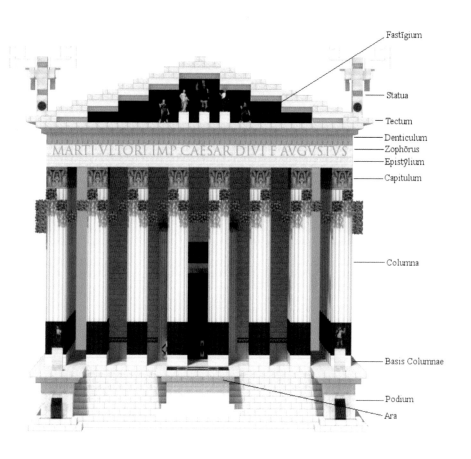

GLOSSĀRIVM

A

abhinc - ago
abīre, abī(v)ī, abitus - to go away
accipere, accēpī, acceptus - to accept
acrōtērium, -ī - roof ornament
ad - towards, to, near
adesse, adfuī - to be present
adiuvāre, -avī, -ātus - to help
admīrārī, admīrātus sum - to admire
adspectāre, -avī, -ātus - to stare at
advenīre, advenī, adventus - to come, approach
advocāre, -avī, -ātus - to call forth
adytum, -ī - innermost part of temple
aedificāre, -avī, -ātus - to build
aedificium, -ī - building
Aegyptius, -a, -ūm - Egyptian
aēneus, a, um - golden
ager, agrī - field
agere, ēgī, āctus - to do, drive, feel
aliquis, aliquae, aliquid - someone/thing
alius, a, ud - another
altus, a, um - tall
ambulāre, -avī, -ātus - to walk
amīce - friendly
amīcus, -ī - friend
an - or
animadvertere, animadvertī, animadversus - to notice
animal, animālis - animal
animus, -ī - mind, spirit, soul
ante - before
antīquus, a, um - ancient
aperīre, aperuī, apertus - to open
apertus, a, um - open(ed)
aqua, -ae - water
aquaeductus, -us - aqueduct
āra, -ae - altar
architectūra, -ae - architecture
architectus, -ī - architect

ārdēre, ārsī, ārsus - to burn
ascendere, ascendī, ascēnsus - to climb up or ōn/ascend
ātrium, -ī - atrium, reception hall
audēre, ausus sum - to dare
augur, auguris - augur, one who interprets the behavior of birds
auscultāre, -avī, -ātus - to listen
ave - hail (greeting)
avis, avis - bird
avunculus, -ī - uncle

B

bellum, -ī - war
bene - well
bonus, a, um - good

C

caelestis, -is - celestial
cadere, cecidi, casus – to fall
capere, cēpī, captus - to capture
capitulum, -ī - chapter, capital of column
cārus, a, um - deār
caryātidēs - Caryatids, columns in the shape of a woman
cavum, -ī - hole
celeriter - quickly
cella, -ae - cell, chamber
cēna, -ae - dinner
cēnāre, -avī, ātus - to dine, eat dinner
certē - certainly
cibus, -ī - food
clārus, a, um - famous
clausus, a, um - closed
cliēns, clientīs - client
cōgitāre, -avī, -ātus - to think
coepere, coepī, coeptus - to begin
cognōscere, cognōvī, cognitus - to know (someone)
colere, coluī, cultūs - to worship

46

collis, collis - hill
color, colōris - color
columna, -ae - column, pillar
conditor, conditōris - founder
cōnsilium, -ī - advice, plan
cōnsul, cōnsulis - consul (one of two Roman magistrates of highest rank)
cōnsultāre, -avī, ātus - to consult
coquere, coxī, coctus - to cook
corinthius, a, um - Corinthian
crās - tomorrow
crēdere, crēdidī, crēditus - to believe
cum - with, when
cūr - why
cūria, -ae - senate house

D
dē - down, from, about
dēbēre, dēbuī, dēbitus - to have to, must, ought
dēlectāre, -avī, -ātus - to please
Delphicus, a, um - of Delphi
dēmōnstrāre, -avī, -ātus - to show
denticulum, -ī - dentil band
dērīdēre, dērīsī, dērīsus - to mock
deus, a - god
dī immortālēs - immortal gods (interjection)
dīcere, dīxī, dictus - to say, tell
diēs, diēī - day
discere, didicī - to learn
disciplīna, -ae - subject
discordia, -ae - inconsistency
dīvus, a, um - divine
docēre, docuī, doctus - to teach
domūs, us - house
dōnāre, -avī, -ātus - to give
dōricus, a, um - Doric
dormīre, dormīvī, dormītus - to sleep
dūcere, dūxī, ductus - to lead

E
ecce - behold
ego, meī – I

eheu – oh no! (interjection)
epistȳlium, -ī - frieze
equus, -ī - horse
erudtīō, ērudītiōnis - education
esse, fuī, futūrus - to be
et - and
etiam - even, also
Etrūscus, a, um - Etruscan
eugē - good! (interjection)
ex - out, out from, from
exedra, -ae - semi-circular room
exīre, exī(v)ī, exitus - to go out
exsilium, -ī - exile
exspectāns, exspectantis - waiting
exspectāre, -avī, -ātus - to wait
extrā - outside of

F
fābula, -ae - story
facere, fēcī, factus - to do, make
facilis, facile - easy
familia, -ae - family
fastīgium, -ī - pediment
fēmina, -ae - woman
ferē - nearly
fēstum, -ī - festival, party
fīlius, a - son, daughter
fīnis, fīnis - end
firmus, a, um - firm
flāmen Mārtiālis - priest of Mars
foedus, a, um - ugly
folium, -ī - leaf
fōrma, -ae - form, shape
fortasse - maybe
forum, -ī - forum, open space
frōns, frontīs - front
fulmen, fulminis – lightning

G
gēns, gentīs - people, clan
glōria, -ae - glory
gradūs, gradūs - steps
Graecus, a, um – Greek
grātiae, -arum - thanks, gratitude

47

H

habēre, habuī, habitus - to have
habitāre, -avī, -ātus - to live in, inhabit
haruspex, haruspicis - soothsayer,
priest who observes animal entrails
hic, haec, hoc - this/these, hīc - here
hodiē - today
homō, hominis - human
hōra, -ae - hour
hūc - to here

I

iam - now, already
iānua, -ae - door
iecur, iecoris - liver
ignōscere, ignōvī, ignōtus - to not
know
ille, illa, illud - that
illīc- there
illūc - to there
illūmināre, -avī, -ātus - to illuminate
imperātōr, imperātōris - emperor
in - in
incendium, -ī - fīre
incipere, incēpī, inceptus - to begin
inquam - I said
inquit - said
īnsānus, a, um - insane
īnsula, -ae - island
intellegere, intellēxī, intellēctus - to
understand
inter - among, between
interficere, interfēcī, interfectus - to kill
interior, interiōris - interior
interrogāre, -avī, -ātus - to ask
intrā - within, inside
intrāre, -avī, -ātus - to enter
invītāre, -avī, -ātus - to invite
iōnicus, a, um - Ionic
īre, īvī (iī), itūrus - to go
is, ea, id - he, she, it
ita vērō - yes
Ītalicus, a, um - Italian
itaque - therefore

iuvenis, iuvenis - young man/woman

L

labōrāre, -avī, -ātus - to work
laetus, a, um - happy
lapis, lapis - rock
lātē - widely
lēctor, lēctōris - reader
libenter - freely
liber, librī - book
ligneus, a, um - wooden
lignum, lignī - wood
lingua, -ae - language
litterae, -arum - letter
lītus, lītoris - shore
locus, -ī - place
loquī, locūtus sum - to speak
lūx, lūcīs – light

M

māchina, -ae - machine
mactē - well done
magister, magistrī - teacher
magnus, a, um - great, large
maior - larger
manēre, mānsī, mānsus - to remain
manūs, manūs - hand
mare, maris - sea
marmor, marmoris - marble
māteria, -ae - material
maximus, a, um - greatest, largest
medius, a, um - middle
memoria, -ae - memory
metopa, -ae - metope
meus, a, um - mīne
mīles, mīlitis - soldier
minimē - nō, not at all
mīrābile dictū - amazing to say
mīrābile vīsū - amazing to see
mittere, mīsī, missus - to send
modō – way
modum - only
mōnstrāre, -avī, -ātus - to show
morī, mortus sum - to die

48

mōtum, -ī - motion
multī, ae, a - many
multum -a lot
mūrus, -ī - wall

N
nārrāre, -avī, -ātus - to tell
nāscī, nātus sum - to be born
nāvis, nāvis - ship
nē - introduces a question (appears at the end of first word in sentence)
necesse - necessary
nēmō, nēminis - no one
neque - nor
nihil - nothing
nimis - too much
nōlī - don't (followed by infinitive)
nōmen, nōminis - name
nōn - not
nōnne - asks a question expecting the answer to be yes
nōs, nostrum - we
nōscere, novī, nōtus - to know (something)
noster, a, um - our
nōtus, a, um - known
novus, a, um - new
nox, noctis - night
nuga, -ae - nonsense
nūllus, a, um - nothing
numerus, -ī - number
nunc - now
nūntiāre, -avī, -ātus - to announce
nūntium, -ī – announcement

O
ob - because of
octāvus, a, um - eighth
ōmen, ōminis - omen, sign
omnis, omne - all
oppidum, -ī – town
optimē - very well
optimus, a, um – best
opus, operīs - work, labor, piece of art

ōrāculum, -ī - oracle
Orientālīs - Asian, from the East
orīgō, orīginis - origin
ōrnāmentum, -ī – ornament

P
palma, -ae - palm
pars, partīs - part
parvus, a, um - small
pater, patris - father
patruēlis, patruēlis - cousin
paulō - a little
pavīmentum, -ī - pavement, flooring
perītus, a, um – skilled, experienced
pingere, pīnxī, pictus - to paint, color
placēre, placuī, placitus - to like, be pleasing
podium, -ī - podium, base of structure
pōnere, posuī, positus - to place, put
pontifex maximus - chief priest
populus, -ī - people
portāre, -avī, -ātus - to bring, carry
porticūs, porticūs - portico, porch
portūs, -us - port
posse, potuī - to be able
post - after
posteā - afterwards
posterō – next
postquam - after
praesēns, praesentīs - present
prīmum - firstly
prīmus, a, um - first
prō - on behalf of
prōdigium, -ī - portent
prōgredī, prōgressus sum - to proceed
prohibēre, prohibuī, prohibitus - to forbid
pronāōs, -ī - porch (in front of temple)
prope - near
prōpositum, -ī - floor plan
puellae, -ae - girl
puer, puerī – boy
pulcher, pulchra, pulchrum - beautiful
pulchrius - prettier

49

pultāre, -avī, -ātus - to knock
putāns, putantis - thinking
putāre, -avī, -ātus - to think

Q

quaesō - please
quālis, quāle - which, what kind
quam - than, how
quandō - when
-que - and (translated before word it is attached to)
quī, quae, quod - who, which
quīdam, quaedam, quodam – a certain
quia - because
quiētē - quietly
quīntus, a, um - fifth
quis, quid - who, what
quod - because
quōmodo - how
quoque - alsō, even

R

rēctē - rightly, correctly
religiō, religiōnis - religion
religiōsus, a, um - religious
reliquus, a, um - the rest
rēs, reī - thing, matter
respondēre, respondī, respōnsum - to answer
rēx, rēgis - king
rīdēre, rīsī, rīsum - to laugh
rogāre, -avī, -ātus - to ask
Rōmānus, a, um - Roman
rotundus, a, um – round

S

saccus, -ī - sack
sacer, a, um - holy, sacred
sacerdōs, sacerdōtīs - priest
sacrificium, -ī - sacrifice
saepe - often
saltāre, -avī, -ātus - to dance
salūtāre, -avī, -ātus - to greet
salvē – hello

satis - enough
scīre, scīvī, scītus - to know (something)
scrībere, scrīpsī, scrīptus - to write
scūtum, -ī – shield
secundus, a, um - favorable
sed - but
senātor, senātōris - senator
sententia, -ae - opinion, sentence
servāre, -avī, ātus - to save
servus, -ī - slave
sī - if
sīc - thus
sīcut - thus, as
significāre, -avī, -ātus - to mean
sileō, silēre, silui – to be silent
silva, -ae - forest
simplex, simplicīs - simple
sine - without
situs, -us - site
sōlus, a, um - alone
spatium, -ī - space
spectāre, -avī, -ātus - to watch, look at
spīrāre, -avī, -ātus - to breathe
statim - immediately
statua, -ae - statue
striātus, a, um - fluted (channels carved into something)
stylobata, -ae - stylobate (podium on Greek temple)
subitō - suddenly
summus, a, um - highest
suprā - above
suus, a, um - hīs, her, its
symmetria, -ae – symmetry

T

tantum - only
tardus, a, um - late
tectum - roof
tēmet - yourself
templum, -ī – temple
tempus, temporis - time
terra, -ae - land, earth, dirt

theātrum, -ī - theatre
timēns, timentis - fearing
timēre, timuī - to fear
tranquillus, a, um - relaxed, calm
tremēns, trementis - shaking,
trembling
trēs, tria - three
trīglyphus, -ī - triglyph (Greek
decoration of three vertical grooves)
trīstīs, trīste - sad
tū, tuī - you
tuus, a, um - your

U

ubi - where, when
ultimus, a, um - last
ultor, ultōris – avenger
ūndecim - eleven
ūnicus, a, um - unique
ūnus, a, um - one
ut - as, in order to
utinam - I wish

V

valdē - greatly, really

valē - goodbye
valēre, valuī, valitus - to be well,
strong
varius, a, um - various, different
vel - or
velle, voluī - to want
venīre, vēnī, ventus - to come
ventus, -ī - wind
vērē - truly
verērī, veritus sum - to respect
vērō - truly
vertere, vertī, versus - to turn
via, -ae - road
vidēre, vīdī, vīsus - to see
vir, virī - many
virtūs, virtūtis - virtue, honor
vīvere, vīxī, victus - to live
vocāre, -avī, -ātus - to call
volūmen, volūminis - scroll
vōs, vestrī - you all

Z

zophōrus, -ī - frieze (one part of the
entablature in Greek and Rōman
temples)

Made in the USA
Coppell, TX
16 August 2020